Ramesses II, also known as Ramesses the Great, was an ancient Egyptian pharaoh who reigned for 66 years during the 19th dynasty and is renowned for his monumental building projects and military campaigns.

D	J	X	J	M	D	J	F	L	G	E	Y	N
Y	V	Z	N	E	Y	M	J	J	E	F	Q	S
N	A	M	G	Q	D	E	Y	W	K	S	B	F
A	B	Y	L	Y	K	Y	P	Y	R	R	E	X
S	P	D	M	H	Q	O	A	O	X	A	L	B
T	T	T	Z	O	E	Y	L	N	N	H	I	A
Y	O	E	O	A	N	Z	B	H	S	U	N	U
C	I	M	I	R	U	U	L	Z	Z	C	O	R
E	H	P	B	A	B	R	M	K	I	N	G	F
G	N	L	G	H	I	K	S	E	B	E	H	T
S	N	E	U	P	A	A	N	C	N	O	O	D
T	L	G	V	S	X	T	T	V	W	T	H	N
K	F	U	P	O	O	I	O	R	B	H	V	I

King Ramesses

Ancient
Pharaoh
Temple
Nile

Dynasty
King
Thebes
Tomb

Egypt
Monument
Nubia
Sun

R	T	J	V	B	F	Y	L	R	W	O	O
O	F	L	C	Z	V	B	E	D	X	I	W
P	T	R	J	Q	N	Q	B	R	I	D	P
S	J	E	E	U	A	Y	E	V	O	L	X
Y	O	Z	X	S	J	G	R	A	L	N	K
E	Y	G	N	O	G	U	V	A	M	F	H
C	T	O	U	A	D	G	R	D	X	R	L
A	I	Y	E	I	C	U	U	S	U	H	C
E	N	S	F	B	T	H	S	E	B	I	V
P	U	E	U	A	E	A	J	J	V	C	W
X	E	A	N	M	M	V	R	T	W	Y	I
O	L	R	J	A	M	A	I	C	A	D	Y

Bob Marley

Jamaica Guitar Music
Love   Peace   Rebel
Reggae   Vibes   Exodus
Unity   Natural Joy

- Queen Amina was a 16th-century ruler of the city-state of Zazzau (Zaria) in West Africa.
- She is celebrated for her exceptional military leadership and strategic prowess.
- Amina is often credited with expanding the kingdom's territory through her military campaigns.
- She is remembered as a symbol of women's empowerment and leadership in African history.
- Queen Amina's legacy continues to inspire and influence discussions on gender and leadership in Africa.

Queen Makeda, also known as the Queen of Sheba, is a legendary figure from Ethiopian and biblical history, renowned for her wisdom and her visit to King Solomon in Jerusalem.

```
U Y Z S E L O H C W A E C
V G Q L T B B B D J I B E
R U L E R T S X O R P M R
S A M G I N E C F H O F S
I M T E I E A C L D I N Z
D K C N H F L J S A H G H
D S U D E I T I W S T N B
R O Y A L I W F O H E H L
B X F E W C C J F E I R O
T G L S R Z S N U B F B F
N D Z B J T T Q A A E D U
U L K S E G I W Q E Q R C
B D E N O R H T Q S K M G
```

Queen Makeda

Ethiopia
Ancient
Queen
Gift

Throne
Sheba
Ruler
Seal

Wisdom
Royal
Legend
Enigma

Z	A	J	K	Q	O	O	H	J	H	N	R	X
D	T	B	K	B	Y	N	O	I	N	U	L	Q
J	S	A	E	L	V	U	T	F	M	B	T	G
G	G	E	S	N	L	W	H	I	R	V	H	Y
R	H	S	N	I	A	T	P	A	C	G	I	P
N	Q	W	S	R	H	V	V	V	L	C	B	X
K	F	M	O	E	E	Y	F	I	L	A	H
N	A	Y	U	K	R	F	W	V	R	T	U	Z
J	B	Z	T	Y	O	G	I	O	B	Q	K	G
X	H	H	H	T	I	L	N	O	W	A	D	J
J	B	B	Q	J	C	T	Z	O	A	R	J	F
I	R	K	W	W	X	A	A	B	C	P	O	J
J	W	A	V	A	N	O	D	P	I	H	S	H

Robert Smalls

Bravery
Congress
Civil
South
Navy
War
Heroic
Union
Captain
Ship
Gullah
Sea

Elizabeth Eckford was one of the Little Rock Nine, a group of African American students who bravely integrated Central High School in 1957, symbolizing the fight for desegregation in the United States.

- Elizabeth Eckford was one of the nine African American students known as the "Little Rock Nine" who desegregated Central High School in Little Rock, Arkansas, in 1957.
- Her courageous act marked a significant moment in the civil rights movement as they faced angry mobs and resistance.
- A powerful photograph of her walking alone amid the crowd became an iconic image of the struggle for desegregation.
- Despite the immense adversity, Elizabeth persevered, and her actions contributed to the eventual dismantling of racial segregation in schools.
- She later pursued a career as a journalist and continued to be an advocate for civil rights and education.

U	K	O	Z	M	K	U	N	G	S	X	W	Z	G	G
U	J	L	O	T	G	J	R	E	E	W	D	K	E	A
E	J	D	X	N	O	T	G	N	I	H	S	A	W	G
Q	H	R	R	E	A	V	N	I	E	S	X	Z	R	H
F	T	C	E	A	F	X	A	U	T	H	O	R	R	L
A	A	Q	S	M	L	T	B	S	L	R	Y	O	U	W
M	M	R	X	Q	O	A	M	Y	A	Q	Y	O	W	Y
T	P	K	M	D	J	N	M	L	L	E	U	T	T	K
D	C	E	V	E	O	E	O	A	V	U	D	M	J	Z
G	R	K	A	S	R	S	C	R	N	Z	K	B	R	J
Z	A	U	D	C	G	N	U	L	T	A	U	L	E	Y
R	I	O	U	R	L	S	D	B	I	S	C	S	I	E
D	P	L	C	Q	H	L	A	T	I	P	A	C	M	Z
I	F	N	D	Y	R	E	Q	D	I	H	S	U	T	N
M	K	C	L	O	C	K	M	A	K	E	R	E	T	Y

Benjamin Banneker

Math
Washington
Surveyor
Farmer

Astronomer
Clockmaker
Capital
Author

Alamanac
Genius
Solar
Eclipse

I	J	F	C	E	L	E	S	T	I	A	L	E	D
U	F	P	G	J	F	O	I	L	G	D	U	P	K
E	R	O	M	X	O	I	V	A	S	A	N	G	H
L	O	A	E	O	X	S	X	S	W	H	A	M	L
Q	T	L	L	T	W	B	C	A	M	E	R	A	A
Z	A	Q	L	L	F	I	N	Y	U	F	N	W	T
Y	V	J	F	O	E	P	Q	H	Q	M	Z	N	K
J	O	C	X	N	P	T	G	G	C	O	L	Q	K
U	N	V	C	E	B	A	S	T	R	O	W	L	T
G	N	E	C	I	M	S	O	C	L	N	S	W	B
W	I	A	Z	V	N	G	R	W	Y	K	S	C	T
H	P	T	I	B	U	H	L	S	O	Z	Q	S	V
S	F	G	V	V	J	U	M	H	T	T	B	U	J
S	L	R	J	F	H	O	K	Q	Q	T	D	E	N

George Carruthers

Astro
Stellar
Space
Celestial

Camera
Apollo
Science
Innovator

Lunar
NASA
Moon
Cosmic

- Otis Boykin was an African American inventor and engineer born in 1920 in Dallas, Texas.
- He developed a variety of important inventions, with his most notable contribution being the improvement of electrical resistors.
- Boykin's innovations in resistors led to more reliable and efficient electrical devices, including pacemakers.
- His work played a critical role in the development of technology for medical and military applications.
- Otis Boykin's inventions significantly impacted various industries and improved the functionality of electronic devices worldwide.

```
N R H O N R N I W Z V F Q L X
Z D O M Z E N G I N E E R P E
Y A B D C L N E N Z L N M A F
X G M Q O L M J G K U N O A P
I F O F N O M W M N F P W Y G
N A O L S R E G X H T F W N V
V O K D O T A D H A C M U M Y
N Z C L L N N G I S A W A R D
Y B Z I E O H N I V P E J K N
G U Q K L C H C Z B M U H A H
Q T G Y T I S R E V I D V T C
R J P O O E S R K T V J S J Y
I N V E N T O R E S V J R T Z
C N A N G I S E D L E Y F H E
Y M B J E U F M V I G I Z Q W
```

Jerry Lawson

Engineer
Game
Impactful
Award

Inventor
Diversity
Silicon
Controller

Video
Technology
Console
Design

Bernie Grant

T	H	R	L	A	I	C	A	R	J	Y	D	M	P	U
F	O	I	B	P	M	M	H	N	R	T	I	H	U	P
Q	U	T	S	A	U	S	P	Z	F	I	W	D	M	Z
E	S	C	I	T	I	L	O	P	X	L	G	R	Z	U
D	I	D	B	T	O	N	R	O	B	A	L	V	U	B
S	N	B	I	X	D	O	G	V	Y	U	C	X	H	I
U	G	R	M	Q	C	I	R	S	Q	Q	Q	E	V	F
F	B	M	D	S	S	T	L	S	D	E	E	S	S	D
F	I	Y	E	M	N	A	A	G	S	C	U	E	E	S
O	X	C	W	I	I	C	K	G	I	A	A	L	H	L
K	G	A	K	C	H	U	G	V	M	E	R	Q	M	V
F	F	P	O	I	S	D	R	N	Y	Q	A	G	C	Y
L	P	S	J	D	A	E	C	I	T	S	U	J	F	V
D	I	V	E	R	S	I	T	Y	D	B	Z	G	B	F
N	M	L	S	N	I	L	R	P	U	I	T	O	X	H

British
Equality
Housing
Social

Politics
Grassroots
Service
Justice

Racial
Education
Labor
Diversity

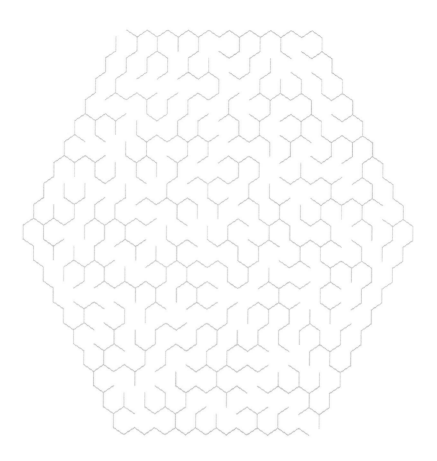

- Octavius Catto was born in 1839 in Philadelphia, Pennsylvania, during a time of racial discrimination and slavery in the United States.
- He was a gifted scholar and educator, working as a teacher and principal at the Institute for Colored Youth, a prominent Black educational institution.
- Catto was a passionate civil rights advocate and played a key role in the fight for African American suffrage in Pennsylvania.
- He was a skilled athlete and promoted physical fitness and sports as a means to uplift the Black community.
- Tragically, Catto was assassinated in 1871 while trying to protect African American voters during a tense election in Philadelphia, becoming a martyr for the civil rights movement.

```
G X L H O U T F N W E I O T
L L E A C T I V I S T R H Q
B L A C K E M R R Q E M J A
D M D C N Y E E Z E A O T N
I O E G I T H P C E T D V V
D D R L O T O A S I Q R D A
J E O V N M I Y M D T Q N Z
H E X A F L Y L A Z L S X W
C R P H T U A P O A L F U P
A F R I C A N I I P I Z H J
M L Y S N Y Y C C H K V D R
I P U H Y P O G V O D M P Q
S L L L U S F P I L S J M X
D K F S B U F W K O A A N N
```

Stokely Carmichael

Voter
Leader
Political
Justice

Panthers
Social
Speech
African

Black
Freedom
Social
Activist

```
M P M S A L K L H L U C V E
K O E S O V I E T D G S Y J
E K Y T I L A U Q E Z G N A
J Z K M O L P T E I A A G V
H H I Q S O A R B I Q S L Q
U C W T S I V I T C A P C J
Y U A H P Y N N C S X S X S
F L N R M B X I P O J S T Y
P T O B N Y E D M D S H Y P
M U D Z S I W A B E G U M J
M R N Y N K V D O I F I C F
O E O E F I H A R L E M Y I
S K L C L U Q Q L V P E D N
C I V I L O U D N D A Z B L
```

Claudia Jones

Trinidad
Harlem
Socialism
Culture

Activist
London
Equality
Soviet

Civil
Feminism
Rights
Carnival

Alice Walker is a celebrated American author, poet, and activist best known for her Pulitzer Prize-winning novel "The Color Purple" and her advocacy for civil rights and feminism.

- Alice Walker, born in 1944 in Georgia, is a highly acclaimed African American writer and poet.
- She gained widespread recognition and won the Pulitzer Prize for Fiction in 1983 for her novel "The Color Purple," which explores themes of race, gender, and empowerment.
- Walker is a prominent feminist and social activist, advocating for civil rights, women's rights, and environmental causes.
- Her literary works often delve into the experiences of African American women and their struggles for self-expression and liberation.
- Alice Walker's writing has had a profound impact on American literature and the broader discourse on social justice and equality.

```
R N O I T A R G E T N I P C K A
U A L S D O B K L T A L H A K G
Z M R N S O A G I Z A B K Y A E
O A V B B C B U T P Q C W T S C
B E X P L W I F E M I N I S M Y
O R S P L L X M R W J P A N B F
K D O W X A X H A R L E M O N H
R C U A H A Y N T N R Z G X O T
P U F J D B I W U L Y A S Y M F
O D O G O W X Q R A C D T D S R
R R Y Z E A A N E I W I H N P E
N R M M L E Q Y H C G Z E K M E
V X F B S M X C E A C H A V R U
W D V W W N Y G X R Y X T Y V M
S U Q U W I I D D U I Q E N E V
V O R R D J R X U A M A R D J P
```

Lorraine Hansberry

- Playwright
- Racial
- Broadway
- Dream
- Harlem
- Chicago
- Dynamics
- Integration
- Drama
- Theater
- Literature
- Feminism

U	T	P	R	Q	H	Z	T	N	I	R	B
R	E	C	C	O	S	F	X	E	R	W	T
D	V	C	F	G	R	L	C	T	H	F	D
W	B	C	E	Q	L	L	L	A	V	N	P
A	I	S	O	R	A	I	A	E	A	R	F
G	N	I	W	P	F	K	O	L	I	P	S
I	R	G	M	R	Y	S	G	C	G	P	G
L	D	D	E	A	V	N	Z	B	E	H	H
I	Z	E	Q	R	E	I	M	E	R	P	F
T	Y	R	E	R	O	T	D	V	S	D	C
Y	C	T	C	U	P	C	L	T	Z	H	B
D	T	K	S	C	F	V	S	T	X	V	R

Raheem Sterling

Agility
Soccer
Wing
Team

Premier
Goal
Speed
Cup

Cleat
Skill
Score
England

- Carl Lewis, born in 1961, is an iconic American track and field athlete.
- He achieved worldwide fame for his incredible sprinting and long jumping abilities.
- Lewis won nine Olympic gold medals, including four in the 1984 Los Angeles Olympics.
- He was known for his consistent success in the 100m, 200m, 4x100m relay, and long jump events.
- Carl Lewis remains an enduring figure in sports history, with his athletic prowess and commitment to track and field.

```
W Q D W Y L E X Y U L W I
W D K R I G T A H J A R A B
D L C G E N J A Z Z H K L O
P I V R Q M R A C C X K Y F
B J Q A T L R G S S L J M H
H J Z M E P A O N V V M H Q
Q I D M I U X V F I T Y W J
V J A Y P V V H I R W S L R
H E F I I E L I U T E S C N
D Z R R C J K M C U S P Z Q
M U E S U M P K F O G E K V
G C K S T E K I E S N R F W
S B B Z T H Z Z C O I I Z C
Q T H M T J S K O F K F C Q
```

Louis Armstrong

Jazz
King
Virtuoso
Grammy

Trumpet
Iconic
Harlem
Museum

Scat
Swing
Festival
Performer

K	S	B	E	C	B	Z	E	Q	C	B	Y	M	G
A	B	A	X	X	D	D	T	N	E	C	U	U	P
E	P	R	L	O	E	N	H	D	C	O	O	G	C
O	D	R	Y	O	I	E	L	B	I	N	J	C	D
A	Q	I	W	G	R	K	N	L	O	C	N	I	L
J	S	E	U	U	W	H	A	W	V	E	O	S	P
J	C	R	T	M	F	U	E	P	T	R	D	U	L
O	T	L	A	R	T	N	O	C	N	T	T	M	I
O	U	E	E	I	R	P	S	G	A	Q	U	V	S
C	X	F	R	E	E	D	O	M	N	E	N	J	M
O	T	I	R	R	L	E	Z	W	E	F	U	C	L
A	P	N	A	X	F	U	J	A	D	D	U	N	T
S	G	R	A	M	M	Y	X	H	C	H	A	O	Q
R	I	V	L	J	C	A	P	N	H	K	Y	L	Q

Marian Anderson

Contralto
Barrier
Spiritual
Lincoln

Opera
Concert
Culture
Medal

Voice
Music
Grammy
Freedom

Made in the USA
Columbia, SC
13 July 2025